REVUE

HISTORIQUE, ARCHÉOLOGIQUE

et Monumentale

DE

L'ARRONDISSEMENT DE MORTAIN,

par M. Hippolyte SAUVAGE,

AVOCAT, ANCIEN MAIRE ET ANCIEN JUGE DE PAIX,

OFFICIER D'ACADÉMIE,

II.

SAINT-LO,

IMPRIMERIE D'ELIE FILS, RUE DES PRES, 5.

—

M DCCC LXXXII.

REVUE

HISTORIQUE, ARCHÉOLOGIQUE

et Monumentale

DE

L'ARRONDISSEMENT DE MORTAIN,

par M. Hippolyte SAUVAGE,

AVOCAT, ANCIEN MAIRE ET ANCIEN JUGE DE PAIX,

OFFICIER D'ACADÉMIE,

II.

SAINT-LO,

IMPRIMERIE D'ELIE FILS, RUE DES PRES, 5.

—

M DCCC LXXXII.

HISTOIRE ET ANTIQUITÉS.

REVUE HISTORIQUE, ARCHÉOLOGIQUE & MONUMENTALE
DE L'ARRONDISSEMENT DE MORTAIN,
par M. Hippolyte SAUVAGE,

AVOCAT, ANCIEN MAIRE ET ANCIEN JUGE DE PAIX,

OFFICIER D'ACADÉMIE.

II.

CANTON DE BARENTON.

(Suite.)

SAINT-CYR-DU-BAILLEUL.

Saint-Cyr-du-Bailleul ; en latin *Sanctus-Cyriacus-de-Balliolo.*

ÉPOQUE CELTIQUE.—Dès l'année 1854, au Congrès scientifique tenu au mois de juillet, à Avranches, et plus tard, au Congrès des Sociétés savantes, assemblé à la Sorbonne, nous avons signalé l'existence au village de La Gévraisière, en Saint-Cyr-du-Bailleul, d'un peulven ou pierre-levée, connu sous le nom de Pierre-Saint-Martin, et qui est depuis des siècles le but d'un pieux pèlerinage. Ce monument a été brisé et renversé sous les yeux mêmes d'un illustre prélat, selon la tradition. Son socle seul est resté sur place et une source limpide jaillit à ses pieds. Quant à son fût, il se retrouve non loin de là sous les massifs d'une haie vive et d'un fort amoncellement de terre. Debout, il devait mesurer environ douze pieds d'élévation. Une remarque est à faire, c'est que le bloc de grès quartzeux qui lui sert de base porte les traces de neuf rainures profondes qui sillonnent sa surface; ce sont sans nul doute les indices du fer qui servit à jeter l'aiguille à terre.

ÉPOQUE FÉODALE.—*Eglise paroissiale.*—L'église de Saint-Cyr est de diverses époques : partie du XII° siècle, partie du XIV°. Les murailles de la nef contiennent, au midi, de

nombreux fragments d'*opus spicatum* ; elles sont de cette
primitive époque. Celles du nord, qui encadrent deux fenêtres
trilobées, avec des restes de vitraux coloriés, sont de la seconde.
La base de la tour centrale est du xive siècle. Le portail, le
chœur et le chevet, dont la belle fenêtre a été remplie de
mortier, sont du xvie siècle ; les chapelles de 1696 et de 1775.
Quatre fortes colonnes massives et sans art, surmontées d'arcades ogivales, supportent la charpente du clocher posé entre
la nef et le chœur. Dans ce clocher était suspendue, lorsque
nous l'avons visité, la plus antique campanile de tout l'arron-
dissement. Elle était entourée d'une inscription gothique du
xive siècle ; on n'en connaissait pas la valeur artistique à
Saint-Cyr, et elle a été démontée pour être fondue à Villedieu.

Au maître autel se voit un tort bon tableau du Sacré-Cœur :
c'est une délicate et suave peinture.

Cette église avait été donnée par Guérin du Bailleul, chevalier, aux moines de Saint-Magloire de Léon (Lehonensis),
Il y avait ajouté le titre de patron présentateur, le cimetière de
Saint-Cyr, les dîmes et tout ce qui lui appartenait encore.
Cette aumône était faite à la charge de l'établissement d'un
prieuré couventuel, de l'ordre de Marmoutiers. Mais il paraît
que, vers l'année 1180, Guillaume du Bailleul, ainsi que Eudes
du Bailleul, sans nul doute les fils du donateur, ne trouvèrent
pas cette fondation à leur gré, et qu'ils dépouillèrent avec
violence (spoliarunt) les religieux des offrandes qu'ils avaient
reçues. Il s'en suivit une vive contestation ; Guillaume, évêque
d'Avranches, intervint dans cette querelle. Il obtint le délais-
sement des chevaliers et la confirmation de leur abandon par
leurs femmes et par leurs héritiers. En conséquence, les religieux concédèrent à Eudes, prêtre, sans doute alors curé de
la paroisse, la dîme de leur domaine, le tiers du don manuel
qu'ils avaient reçu et la tierce partie de la desserte de l'autel
(altalagii). Celui-ci jura, sous la foi du serment, qu'il ne ré-
clamait rien au-delà sur les revenus de l'église, et qu'à l'avenir, les religieux de Marmoutiers seraient par lui reconnus
comme ses patrons et comme les défenseurs de cette église
(advocatos).

L'acte qui en fut rédigé est de l'année 1191. Il porte de
nombreuses signatures et entre autres celles de Durand, prieur
de Mortain, de Achard, sous-prieur, de Guillaume Avenel,
alors sénéchal de Mortain, de Eudes du Bailleul, de Guillaume
d'Astin, de Guillaume de Reffuveille, etc., etc. (1).

Le prieuré de Saint-Cyr fut visité en 1263 par Eudes
Rigault, archevêque de Rouen. Il est encore mentionné au
Pouillé général du diocèse d'Avranches de 1648. Un champ

___

(1) A la charte originale étaient suspendus deux sceaux de cire ; une
bonne copie nous a été communiquée à Vire, par M. Séguin.

qui touche à l'église, vers le midi, rappelle son existence, et la porte du midi s'appelle toujours la porte des Moines.

FIEFS SEIGNEURIAUX. — Saint-Cyr renfermait divers fiefs : le Bailleul, Montenay, autrement dit la Motte ; la Cordoue-zière ; le Grand et le Petit-Montécot ; Montmirail et Saint-Cyr :

1° *Le Bailleul.* — Il ne reste de son castel primitif du XII⁰ siècle qu'une vieille tour circulaire et isolée, massive et presqu'en ruines, qui s'incline sur les rives d'un bel étang. Le château qui l'a remplacé est en avant de cette tour ; il remonte au XVᵉ siècle. Ses trois lucarnes décorées de pignons à crochets, et son avant-corps qui est flanqué, à gauche, d'une tourelle carrée à meurtrières nombreuses, ne manquent pas d'une certaine élégance. De plus, les sommets de ses chemi-nées simulent des créneaux de forteresse. Tout rappelle donc au Bailleul les caractères de l'architecture militaire du moyen-âge.

C'était un demi-fief de chevalier. Il était obligé à *vingt jours de service d'ost*, c'est-à-dire de service militaire en temps de guerre, envers le comté de Mortain. Il avait dû appartenir d'abord à une famille du Bailleul, bienfaitrice du prieuré de Saint-Cyr. Eudes du Bailleul était cité au nombre des prin-cipaux vassaux d'Etienne, comte de Mortain, dans un accord passé en 1128, entre Richard et Guillaume Garnier, d'une part, et les moines du Rocher, de Mortain, d'autre part, au sujet de l'église de Romagny (1).

Lors de la confiscation de la Normandie, en 1204, sur Jean-sans-Terre, par Philippe-Auguste, Henry du Bailleul prêta serment de fidélité au roi pour les fiefs qu'il possédait dans le comté de Mortain (2). Les actes d'inféodation qui en furent passés les 3 septembre 1394, 16 août 1485 et 5 août 1516, prouvent qu'il était à ces trois époques à Robert du Buat, à un 2⁰ Robert du Buat et à Gilles du Buat (3). Jean du Buat le vendit, vers 1545 à Jean Grandin, procureur du roi au bail-liage de Mortain, qui prit le titre de sieur du Bailleul. Plus tard, en 1577, dans les lettres d'anoblissement qu'il obtint du roi, il fut même autorisé à substituer le nom de du Bailleul au sien propre et ainsi surgit, après plusieurs siècles, une nouvelle famille du Bailleul, qui occupa longtemps les places les plus considérées du comté de Mortain. En 1598, Jean du Bailleul, fils de ce dernier, était à Mortain, bailli de longue robe (4).

2° *Montenay ou la Motte.* — Le château de la Motte n'est

(1) Pitard, Mss. nobiliaire du comté de Mortain.
(2) Pitard, Mss. nobiliaire du comté de Mortain.
(3) Sommaire du comté de Mortain, aux arch. de Saint-Lo.
(4) Titres nombreux. — Pitard, nobil. Mss. du comté de Mortain

qu'à quelques pas de celui du Bailleul. Sa situation indique qu'il fut édifié pour suppléer le vieux manoir, ou qu'il fut habité par la branche cadette de la même famille. Son corps de logis régulièrement bâti, et sur un assez large développement, est de 1726. Cette date est accompagnée, au fronton de l'édifice, d'un double écusson, dont la description héraldique est : d'azur à la bande d'or, accostée de deux molettes d'éperon d'or, avec l'inscription J. B. DU BAILLEUL et NOBLE DAME JEANNE HORTENSE DU BAILLEUL SON EPOUSE. Cependant ce n'est qu'une reconstruction et deux tours courtes et cylindriques, aux toits en cloches, placées à l'une de ses extrémités rappellent un plus ancien castel.

Montenay, tenu par un demi-fief de haubert, était le 4 avril 1399 et le 2 septembre 1421, à Simon du Jardin ; le 6 décembre 1451, et en 1454, à Marc du Jardin ; le 26 novembre 1493, à Pierre du Jardin, écuyer, sieur de Montenay; le 23 février 1502, à Mathurin du Jardin, écuyer, sieur du Bailleul, et en 1565, à Jean Grandin, qui déclarait dans son hommage être aux lieu et place des du Jardin (1).

D'après l'aveu de 1399, Yon du Jardin, père de Simon, avait acquis ce fief par un échange avec Jean Carbonnel et Jeanne de Chasseguey, du chef de cette dernière. Précédemment, il avait appartenu à Jean de Montenay (2).

Etienne du Bailleul, procureur du roi à Mortain, prenait, en 1571, le titre de sieur de la Motte, et en 1697, René-Joseph du Bailleul, bailli de Mortain, celui de seigneur de Montenay.

3° *La Cordouezière.*—On désignait plus anciennement ce fief sous la dénomination de Fief-Corbel. Il relevait féodalement de celui de Montenay, par un huitième de fief (3). Le 2 novembre 1390, Guillaume Doissey en passa la soumission. Il le possédait toujours en 1401 (4). Guillaume Thibault déclara le 7 juillet 1565, qu'à raison de la Cordouezière, il était tenu envers le comté de Mortain *au ban* et *à l'arrière ban* (5). Gillette Thibault, sans doute sa fille, porta ce domaine dans la famille Avenel.

4° *Le Grand-Montécot.*—Richard de Montécot était qualifié *gentilhomme* et *vavassor* dans une sentence rendue par le bailli du Cotentin tenant ses assises à Mortain, en 1285. La famille de ce nom s'éteignit promptement (6). Au commencement du xv° siècle, ce quart de fief était à Oudin ou Eudin de

---

(1) Sommaire du noblé, à Saint-Lo.—Pitard, Mss. cité.
(2) Pitard, Mss. nobiliaire du comté de Mortain.
(3) Sommaire du noble. Mss. de Saint-Lo.
(4) Charte de Pierre de Navarre. Mss.
(5) Sommaire du noble, déjà cité.
(6) Pitard, Mss. nobiliaire du comté de Mortain.
(7) Pitard, Mss. id., id.

la Coudre, qui le tenait en *parage* de Guillaume d'Oissey (1).
Il fut acquis le 28 juillet 1459 de Jean de la Coudre, dit Rochefort, seigneur de Montécot, par Jacques Doisnel. Gilles
Doisnel en passa l'aveu le 12 mai 1541 et il fit reconnaître
son droit *de justice patibulaire, de manoir* et *de domaines.*
Il devait le *ban* et *l'arrière-ban du roi et le service d'ost.* Le
27 novembre 1565, Jean Doisnel, sieur de la Saucerie, de la
Mangeantière, de Moissey et de Montécot, conseiller au Parlement de Rouen, renouvela ces soumissions dans les mêmes
termes (2). Montécot fut érigé en marquisat par Louis XIV,
en 1697, au profit de René-François Doisnel, qui le forma des
fiefs de Montécot, de Husson et de Montigny, ainsi que de
divers autres arrières-fiefs. Ce marquisat fut tenu directement
du comté de Mortain. Un aveu en fut rendu le 23 mai 1732 (3).

5° *Le Petit-Montécot.*—Ce n'était qu'une vavassorerie, c'est-à-dire un fief d'un rang inférieur dans la hiérarchie féodale.
Il était assis pour partie à Saint-Cyr-du-Bailleul, et pour partie
au Teilleul. Il relevait directement du Grand-Montécot, avec
lequel il avait dû ne faire qu'un dans le principe. Un aveu du
6 avril 1393, passé par Henri de Husson, déclare que cette
vavassorerie était sujette à *neuf jours de service à la Porte
Ollivier, au Teilleul* (4). Elle appartenait en 1401 à Jamet du
Bois, du chef de Marguerite, sa femme (5). Guillaume de
Luisière, renouvela le 3 novembre 1488 les mêmes devoirs
envers Gilles Doisnel, seigneur du Grand-Montécot (6).

6° *Montmirail.* — Nous savons seulement que c'était un
huitième de fief.

7° *Saint-Cyr.*—La charte de Navarre inscrit *les écoliers de
Marmoutiers, étudiants à Paris,* comme détenteurs d'un fief
en Saint-Cyr-du-Bailleul, sous la dénomination de Saint-Cyr.
Elle ajoute que ce fief produisait une taxe de XVI livres tournois pour le comté de Mortain. Ce devait être le domaine de
main-morte annexé au prieuré de Saint-Cyr, et dont le patronage de l'église formait l'un des plus beaux fleurons.
MM. de Vaulleury de Saint-Patrice, héritiers des du
Bailleul, contestèrent ce patronage pendant le siècle dernier à
l'abbé de Marmoutiers. Il s'en suivit un fort long procès, et
durant le débat, la cure étant devenue vacante, le roi y pourvut d'office.

(1) Sommaire du noble. Mss.
(2) Sommaire du noble. Mss.
(3) Pièces originales.
(4) Sommaire du noble.
(5) Charte de Pierre de Navarre. Mss.
(6) Sommaire du noble, déjà cité.

Chapelles en Saint-Cyr-du-Bailleul.—D'après Huet, évêque d'Avranches, qui célébra la grand-messe au maître-autel de l'église de Saint-Cyr, le dimanche 29 juillet 1696, il y avait cinq chapelles rurales dans la paroisse : la chapelle de Notre-Dame de Bon-Secours du Jarry, la chapelle Saint-Michel et trois chapelles particulières à MM. du Bailleul (1).

La chapelle du Jarry avait été fondée par M⁰ Denis Lebigot, prêtre, demeurant à Nantes et originaire de Saint-Cyr. L'acte de sa constitution fut passé le 13 décembre 1650, à Saint-Cyr, par Denis Le Page et Samuel Le Pellerin, tabellions (2). Son premier chapelain fut M⁰ Jean de Guillebert, vicaire-général de l'évêque d'Avranches qui, moyennant une somme que lui comptèrent les héritiers du fondateur, le 2 septembre 1666, se chargea de la construction du Petit-Oratoire. Ses revenus furent augmentés des fermes de la Beurlière, en Saint-Cyr, que lui donna, le 29 novembre 1688, M⁰ Robert Lebigot, sieur du Verger, prêtre, chanoine de la cathédrale de Nantes, un autre enfant de cette paroisse, neveu sans doute de Denis (3).

La chapelle de La Motte ne peut remonter au-delà de 1726.

FAITS GÉNÉRAUX.—A l'époque de la chouannerie, une rencontre eut lieu, nous a-t-on assuré, à la Marre-Marion, entre les bandes royalistes et une colonne républicaine qui se rendait de Mortain à Domfront : la colonne fut dispersée.

Dans ces temps où les noms des Saints furent proscrits et où leurs noms disparurent non-seulement des calendriers, mais encore de la nomenclature des municipalités, Saint-Cyr-du-Bailleul prit le vocable de Cyr-la-Cité. Pour le département de la Manche, bien d'autres appellations du même genre furent inscrites dans les actes publics et l'on sait que Saint-Lo s'appela le Rocher de la Liberté ; Sainte-Croix, Briovère ; Saint-Clair, Clair-Bocage ; Saint-Romphaire, Le Bel-Air ; Saint-Georges, La Montagne ; Saint-Pierre-Eglise, Pierre-Ferme ; Sainte-Mère-Eglise, Mère-Libre ; Saint-Vast, Port-Vast ; Saint-James, Beuvron-les-Monts ; Saint-Loup, La Vertu ; Sainte-Pience, Sapience ; Saint-Nicolas-de-Granville, Le Champ-Libre ; Le Mont-Saint-Michel, Le Mont-Libre, etc., etc., etc.

D'après les Mémoires de l'Intendant Foucault, la paroisse de Saint-Cyr, à la fin du XVIIᵉ siècle, comptait 413 familles et 2000 âmes (4).

(1) Mss. des visites pastorales de Huet.
(2) Pièce originale offerte par nous aux archives de Saint-Lo.
(3) Pièce originale envoyée également aux arch. de la Manche.
(4) Manuscrit de la bibliothèque de Caen.

SAINT-GEORGES-DE-ROUELLEY.

Saint-Georges-de-Rouelley, de *Roellé* ou de la *Roelle*, d'après la charte de Navarre, de 1401. En latin *Sanctus-Georgius-de-Rotulâ*.

Ce surnom de Rouelley rappelle à n'en pas douter le martyre de Saint-Georges, mort sur une roue, en Espagne, dans les premières années du IV° siècle (1).

Faits ecclésiastiques.—L'église de Saint-Georges était à la présentation de l'abbé de l'abbaye de Lonlay. Ce droit lui avait été donné au XIII° siècle, avec la majeure partie des dîmes de la paroisse par Guillaume Dodelin, seigneur du lieu. Ces dîmes rapportaient environ 1000 livres en 1785 (2).

Pour l'église, c'était en partie la même qui existe encore actuellement. Son portail, orné d'une archivolte à deux rangs de dents de scie, et ses contre-forts romans, sont du IX° siècle. Les murs de sa nef ont conservé de nombreux fragments d'*opus spicatum*. Au midi, l'on a ajouté, au XIV° siècle, une fenêtre geminée.

Huet, évêque d'Avranches, constata qu'il n'y avait à Saint-Georges que deux chapelles : celle de La Pierre et celle de Saint-Laurent des Anneaux. Cette dernière servait d'oratoire au castel de Rouelley, au pays de Domfront. Elle est en ruines; mais on y reconnaît un édicule du XIII° siècle, avec une gracieuse fenêtre ogivale.

Epoque feodale.—Saint-Georges avait trois fiefs (3) : 1° un 8° de fief en Saint-Georges, tenu de la baronnerie de Saint-Pair-le-Servain (4); il était, en 1401, à Fraslin de Combray; 2° Saint-Georges, autre 8° de fief, à Pierre de Signé, relevait aussi de Saint-Pair; 3° la vavassorerie du Sionnay, dépendant en arrière-fief de celui de Saint-Georges.

Il est assez difficile de discerner les uns des autres les possesseurs successifs de ces divers domaines.

Robert de Saint-Georges fut témoin à un accord pour les moines du Rocher, de Mortain, passé à la cour du comte Etienne, en l'an 1128. On trouvait au cartulaire de l'abbaye de Lonlay un titre par lequel Robert de Saint-Georges, en se faisant moine dans cette maison, lui vendait la moitié de l'aumône de Saint-Georges, du consentement de Henri, son fils, alors fort jeune. Une charte de Savigny, de 1251, faisait mention d'Isabelle, fille de Denis de Saint-Georges (5).

(1) Actes de Saint-Georges. Luc d'Achery, t. 3.
(2) Dernier bail de Lonlay, en ma possession.
(3) *Charte de Navarre*. Mss. déjà cité.
(4) Autrement Saint-Pois, chef-lieu de canton (Manche).
(5) Pitard, *Nobil. du comté de Mortain.* Mss.

Au milieu du xvie siècle, trois vicomtes de Mortain, de la famille Thibault, furent seigneurs de Saint-Georges, de 1550 à 1594.

Par contrat du 27 février 1581, Guillaume d'Oissey, écuyer, sieur de Courteilles et de La Henriaye, épousa Louise Ferré, fille de François Ferré, écuyer, seigneur en partie de Saint-Georges et de Roelley. François, leur fils, n'eut que des filles, dont l'aînée, Jeanne, dame de Saint-Georges, épousa Léonard du Vauborel, sieur du Dézert. Ils eurent un fils, Joachim du Vauborel, aussi seigneur de Saint-Georges (1).

En 1722 et en 1736, Guillaume Avenel, écuyer, prenait la qualification de seigneur et de patron de Saint-Georges-de-Rouelley. En 1740, ces mêmes titres étaient à Robert d'Avenel, lieutenant - général civil et criminel du baillage de Domfront. Enfin, le 20 germinal an XII, Marie-Magdelaine d'Avenel, veuve de Jean-Baptiste-François Chrétien de Montreuil, héritière de ces derniers, consentait devant notaire, à la vente des moulins de Saint-Georges-de-Rouelley (2).

Faits généraux.—Aux années 1615 et 1616, pendant les troubles de la régence de Marie de Médicis, le comté de Mortain fut constamment pillé, saccagé et rançonné par de nombreuses troupes de partisans, qui se succédaient et qui mettaient tout à feu et à sac. « Les sieurs de Pierrepont, du Grand-
» Clos, Le Cygne, le baron de Larchamp, La Voyrie et autres
» capitaines, à la tête de 4 ou 500 hommes, vinrent ainsi
» établir leurs logements au Teilleul, à Husson, à Saint-Cyr-
» du-Bailleul, se moquant des sauve-gardes qui leur étaient
» montrées, *disant que le Roi avait assez de peine à se dé-*
» *fendre lui-même, sans s'occuper d'eux,* et s'avouant de
» M. de Vendôme, qu'ils disaient leur avoir baillé départe-
» ment dans le comté de Mortain. » Après eux vint le capitaine Vimont-Bras-de-Fer, qui se cantonna à Cuves, avec 120 hommes, puis à Beauficel, à Périers et à Ger.—Retour alors du sieur de Pierrepont, huguenot, avec 4 de ses capitaines, qui se campent enfin à Saint-Georges-de-Rouelley. Sur les instances de M. de Montgommery, qui le somme de se retirer, il répond « *qu'il logera partout* et qu'il appartient à
» homme qui a le bras aussi long que Monseigneur de Guise,
» tuteur de la comtesse de Mortain (3). »

Mais nous n'en avons pas fini avec cette désastreuse époque, et en juillet 1622, Joachim du Vauborel, que nous venons de nommer, et qui professait le protestantisme, exerça encore contre son propre curé de Saint-Georges et contre plusieurs

(1) Pitard. *Nobil.* déjà cité.
(2) Titres divers communiqués.
(3) Arch. de la Manche. Mss. A. 597.

habitants de cette localité des actes de violence et de brigandage. Il s'empara même du presbytère et en fit une véritable forteresse (1).

Verrerie de La Pierre.—Nous croyons que ce fut vers l'année 1575, que M. de Mesange obtint du duc de Montpensier l'autorisation d'établir une verrerie dans la forêt de Lande-Pourrie et sur les confins de Saint-Georges. Au moyen de quelques faibles redevances, il y put prendre le bois nécessaire à son industrie, qui, on se le rappelle, conférait alors un titre particulier d'anoblissement. Le prince céda à ce désir. Ce privilége lui fut confirmé en 1615 (2). Mais l'abbaye de Savigny éleva bientôt la prétention d'avoir seule le privilége de faire faire des verres *en l'étendue de vingt lieues*, dans les provinces de Normandie, de Bretagne et du Maine, en vertu de lettres-patentes royales. Elle voulut mettre obstacle aux droits de Georges de Mesange, écuyer, sieur de Launay. L'abbé employa même contre lui des moyens énergiques. Ses agents pénétrèrent à main armée dans la verrerie, en brisèrent les fourneaux et en dispersèrent les matériaux. Le 27 septembre 1656, les parties transigèrent cependant devant les notaires de Landivy, et par un accord définitif, signé à Paris, le 9 septembre 1656, entre François de La Vieuville, abbé de Savigny, et Charles de Mesange, mandataire de Georges, son père, la verrerie put continuer à confectionner *verres et chambourins de cendres de fougères*, c'est-à-dire de la verrerie commune. Mais l'abbé dut payer 200 livres de rente à de Mesange et lui livrer annuellement *500 verres de cristal en les allant quérir à la verrerie de l'abbaye*. En cas d'inexécution des conventions, la verrerie de La Pierre pouvait alors aussi fabriquer des verres de *cristal* (3).

Les de Mesange vendirent La Pierre à M. Coisel vers la fin du siècle dernier.

Au village des Eaux-Grouées, on remarque un chêne magnifique, le roi de toute cette contrée bocagère. Non loin du bourg de Saint-Georges, les beaux rochers légendaires de La Fosse-Arthour, avec leurs chambres du Roi et de la Reine, sollicitent une visite du touriste, ami du merveilleux (4).

(1) Arch. de la Manche. Mss. A. 516.
(2) Arch. de la Manche. Mss. A. 503.
(3) Original aux anciennes archives de Mortain.
(4) Voir nos *Légendes Mortainaises*, 1 vol. in-12.

CANTON D'ISIGNY-LES-BOIS.

Le canton d'Isigny-les-Bois renferme onze communes qui sont :

Chalandrey.	Les Biards.
Isigny-les-Bois.	Montgothier.
La Mancellière.	Montigny.
Le Buat.	Naftel.
Le Mesnil-Bœufs.	Vezins.
Le Mesnil-Thébault.	

Sa superficie territoriale est de 7,294 hectares; sa population est de 5,545 habitants.

ISIGNY-LES-BOIS.

BIBLIOGRAPHIE.— Sous le n° 7 de notre *Mortainais historique et monumental,* nous avons publié une notice sur Isigny-les-Bois, et nous l'avons rééditée dans nos *Etrennes Mortainaises*; nous nous bornerons donc à renvoyer à cette première étude. Cependant nous y ajouterons quelques nouveaux douments.

HISTOIRE FÉODALE.— La paroisse d'Isigny renfermait deux fiefs seulement : celui d'Isigny et celui du Bois-Philippe.

1° *Isigny.* — Son château, disgracieuse construction du XIVᵉ siècle et restaurée ou plutôt défigurée au XVIIᵉ, n'a plus aucun caractère architectural. Il surgit au milieu d'un étang envahi par les roseaux de toutes parts Mais il apparaît aux extrémités de splendides avenues qui, de tout temps, ont mérité un renom et que le dicton a consacré :

> Il est dans le pays
> Quatre grandes merveilles,
> Le grand Mont-Saint-Michel,
> Le château de Ducey,
> Le logis de Brécey
> Et les chasses d'Isigny.

C'était un tiers de fief d'après les uns (1), et un quart de haubert d'après les autres (2). Il comprenait la paroisse d'Isigny presqu'entière et relevait de la baronnie des Biards. Deux familles successives, du nom d'Isigny, l'ont possédé plusieurs siècles durant. Parmi les personnages qui l'ont

(1) *Sommaire du Noble,* Mss des Archives de la Manche.
(2) Pitard, *Nobil. du comté de Mortain,* Mss.

illustré, nous remarquons Martin d'Isigny, qui vivait en 1399 ou 1401. Son nom est inscrit sur la charte de Navarre, à cette dernière date. Il était fort riche, et possédait, outre Isigny, un fief à Brécey, un autre à La Mancellière, les Genetais au Mesnil-Thébault, et quelques autres encore (1). Nicolas, son fils, mort à l'étranger pendant la guerre de cent ans, ne vit point son domaine érigé en comté par la faveur de Charles VII, vers l'année 1449 ou dans les premiers mois de 1450, au profit de son gendre, Jean sire de Brécey.

Nous avons dit ailleurs la part très-active que prit le château d'Isigny dans les luttes sanglantes de la Ligue. Isigny resta, à cette époque, constamment fidèle au Roi. On sait, du reste, que le comté de Mortain fut singulièrement divisé entre les deux partis. « Les maisons de Juvigny, de la Tavelière, de » Saint-Symphorien, du capitaine Tonnerre, du Jardin, de » Grihaudière, du Mesnil-Tôve et Coulouvray, de Marcilly, » de La Chaise et de La Mancellière » tinrent pour les ligueurs et les *rebelles*. Tandis que « les maisons des serviteurs du Roi » et de Monseigneur le duc de Montpensier furent : Isigny, » d'*ancienne construction*, le Bois, Chasseguey, Moissé, Fon- » tenay, Milly, Boussentier, Martigny, la Cocherie en Lapenty, » l'Estang en Buais; les maisons du sieur de La Motte, du » sieur de Hautteville et la maison de Saint-Christophe (2). »

Le dernier de Brécey, qui posséda Isigny, fut Roger, marquis d'Isigny, et frère cadet de M. de Brécey, marquis d'Apilly, dont la veuve, Françoise de Brancas, reçut pour elle les terres d'Apilly et d'Isigny, comme remploi de ses deniers dotaux. Cette dame eut l'honneur de recevoir à son château d'Isigny, le 25 août 1694, le savant évêque d'Avranches, Pierre-Daniel Huet, faisant ses visites pastorales (3). Mais elle était alors remariée a Alphonse de Lorraine, prince d'Harcourt. Peu d'années après, elle vendit la seigneurie à quatre associés qui, d'après le dicton, firent aussitôt argent des *chasses d'Isigny*, et qui, avec le seul produit de ces bois, payèrent le prix entier de leur acquisition. Deux d'entre eux restèrent maîtres d'Isigny et s'en partagèrent le titre seigneurial. L'un était Jean-Baptiste-François Le Soudier, conseiller du Roi et seigneur en partie d'Isigny, bourgeois de Paris, en 1742; l'autre, Claude Godard de La Toverie, écuyer, et patron alternativement de la paroisse d'Isigny, qui acquit, avec une charge de secrétaire du Roi, maison et couronne de France, un titre de noblesse. Mort âgé de 80 ans, il fut inhumé dans

(1) Pisard, déjà cité.
(2) Archives de la Manche, A. 474. année 1371.
(3) Visites pastorales, Mss.

l'église Notre-Dame de Vire, en 1738. Les Godard conservèrent ainsi seuls le domaine d'Isigny. Dans ces dernières années, il était au vénérable M. Le Roy de Brée.

2° *Le Bois-Philippe.*—Ce fief, mentionné dans la charte de Navarre, était tenu pour un 6° de fief de la baronnie des Biards.

FAITS GÉNÉRAUX.— Un événement tragique causa, en 1637, une vive émotion à Isigny. — « Le mercredy 17° jour de juin » 1637, Le Grand, François, serviteur de M. d'Isigny, a esté » inhumé en l'église dudit lieu, qui fut tué à Paindavoigne, » et Vincent Blouin Blutiére et plusieurs blessez à l'arrivée » d'une compagnie de soldats Bretons, dont led. s' d'Isigny, » le comte de Poilley, le s' de La Chesnelais et le s' de Mon- » tescot, levèrent dans ledit jour plus de deux ou trois mille » soldats et les renvoyèrent (1). »

L'église paroissiale, éloignée de toute habitation, est du siècle dernier. Elle donne à son titulaire le titre de doyen qu'a illustré l'abbé Desroches, travailleur infatigable, et l'un des hommes qui ont le plus publié sur notre contrée et sur l'Avranchin. Quelques-uns de ses ouvrages renferment des documents innombrahles, sans ordre et presque sans méthode; mais on trouvera là des éléments qui seront utilisés avec fruit dans l'avenir. Son *Histoire du Mont-Saint-Michel* est cependant remarquable ; il est vrai qu'elle avait été revue par le docte abbé Daniel, auquel la préface appartient entièrement.

CHALANDREY.

Chalandrey, en latin *Calendreium* et *Chalandreium* (2); *Chalandrieu* aux xiv° siècle et suivants.

EPOQUE GALLO-ROMAINE.— Des coins en bronze et d'autres objets de la même facture ont été trouvés à Chalandrey, il y une quarantaine d'années (3).

MONUMENTS RELIGIEUX. — A l'église paroissiale, un bas-relief du xvi° siècle, en tuffeau blanc, représentant saint Martin, a été encadré dans la muraille extérieure du chœur. Elle a été réédifiée en 1738, et sa tour carrée, couverte en bâtière, est de 1748(4). Dans le chœur, on remarque douze jolies stalles modernes en bois sculpté.— Ruines de la chapelle de Pierre.

(1) Registres de l'état civil d'Isigny.
(2) Chartes des xii° et xiii° siècles.
(3) Desroches, *Hist. du Mont-Saint-Michel*, t. 1, p. 33.
(4) Inscription posée sur la tour : HONORABLE HOMME ALEXANDRE GAULTIER, PRÊTRE CURÉ DE CHALANDRÉ, 1748.

Aubes qui existait dès le xiii° siècle. On y conserve une statue antique de saint Marc.

Moyen-age.— Chalandrey, ou plutòt *Chalandrieu*, d'après les titres anciens, renfermait quatre fiefs : 1° Chalandrey; 2° Monchouet; et deux vavassoreries (1)

Le fief de Chalandrey, qui s'étendait aux paroisses des Chéris et des Biards (2), et à celles de Marcilly et du Mesnil-Thébault (3), était tenu par un tiers de haubert et relevait de la baronnie des Biards. Il avait sous sa dépendance les trois arrière-fiefs de la paroisse que nous venons de nommer. Monchouet ou Monchovet, était lui-même 1/4 de fief (4). Réunis ainsi de tout temps dans une même main, leur histoire est la même. Il donnait à son détenteur le titre de patron et le droit de présentation à la cure et à la chapelle de Pierres Aubes.

Jusqu'au xiv° siècle une famille du nom de Chalandrey l'a possédé seule. En 1380 et 1389, Chalandrey était à Guillaume Avenel. L'héritière de ce nom l'avait en 1401, ainsi que Jean de Vaulinges, son mari (5). Ils le tenaient en *parage* de Guillaume Le Soterel, à cause de la baronnie des Biards, ce qui a autorisé l'historien Pitard à penser que les de Chalandrey auraient fort bien pu être l'une des branches collatérales des Avenel des Biards. Jourdette de Vaulinges, leur fille, en épousant, en 1425, Robert Avenel, aurait ainsi reporté Chalandrey vers sa souche. Ils eurent trois fils, dont Guillaume, l'aîné, fut seigneur de Chalandrey. Dépouillé de ses domaines par le roi d'Angleterre, il les vit donner à Nicolas Burdet ; mais à la pacification, Charles VII les lui rendit. Admis par Montfaut dans l'ordre de la noblesse, il rendit aveu de ses fiefs de Chalandrey au baron des Biards, le 25 juillet 1490. Après cinq générations des Avenel, et par son mariage, Laurence Avenel, fille de Jacques ou de François, baron de Dorières et seigneur de Chalandrey, fit entrer Chalandrey dans la famille de Bordes, par André de Bordes, écuyer, sieur de La Bouteillière. Décrété sur Jacques de Bordes, il fut acquis par Charles-Philippe de Borde, écuyer, sieur du Plantis (6). Louis-Marie de Bordes, chevalier, seigneur de Chalandrey, du Plantis, etc., demeurant aux Chéris, se fit représenter aux Assemblées de 1789, pour les élections aux États-généraux. Aujourd'hui, cette même famille, qui existe aux environs de Fougères se qualifie du titre de marquis de Bordes de Chalandrey. — Armoiries de Bordes : d'or à la tour donjonnée de gueules.

(1) *Sommaire du noble*, Mss.—Charte de Navarre.
(2) *Charte de Navarre* de 1401.
(3) Titres de 1722 des archives de Mortain.
(4) *Sommaire du noble*, Mss.
(5) *Charte de Navarre*.
(6) Pitard, *Nobiliaire du comté de Mortain*.

LA MANCELLIÈRE.

La Mancellière; en latin *Mancellaria*, l'habitation de Mancel.

L'église de La Mancelliere, sous l'invocation de saint Ger-bold, évêque d'Evreux et abbé de Fontenelle, remonte pour partie au xiie siècle. Sa nef et le chœur sont formés du petit appareil de cette époque, et dans ses murs ont été pratiquées de larges fenêtres en 1781. Un arc triomphal du xve siècle, surmonte l'entrée du chœur. Quant au portail d'entrée, de forme ogivale et surmonté d'une jolie rosace aux meneaux flamboyants, il est également du xve siècle. Au maître-autel est un beau tableau d'une descente de croix.

ÉPOQUE FÉODALE.—Le Terrier du comté de Mortain, dressé en 1758, indique de nombreux fiefs à La Mancellière : 1° le fief du Roy, immédiatement tenu du domaine des comtes de Mortain ; 2° le fief ou vavassorerie de La Mancellière, 8° de fief, tenu du domaine ; 3° le fief Grimault ou Crespon, tenu du domaine ; 4° le fief Tirel et 5° le fief au Cocq, arrières-fiefs, tenus tous les deux du fief de Montigny.

La Mancellière.—Une famille Mancel a donné son nom à la paroisse de La Mancellière et par suite au fief qu'elle habi-tait. Guillaume Mancel est au nombre des seigneurs du Mor-tainais qui se soumirent à Philippe-Auguste. Un autre Guillaume Mancel comparut à Tours, en 1272, pour 1/4 de chevalier (1). Des Mancel, la vavassorerie dont il s'agit, était passée, dès l'an-née 1334, à Guillaume Frazier, seigneur de La Mancellière, qui figure comme arbitre dans une sentence du *mercredi après la Saint-Nicolas, en may*. Le 4 septembre 1394, un autre Guil-laume Frazier, inscrit également dans la charte de Navarre, de 1404, en rendit aveu. Le 26 août 1422, ce fut Colin d'Isigny, écuyer, qui en fit soumission. En 1565, René de Roumilly, dans l'hommage qu'il en donna, constate qu'il y possédait manoir, colombier, garennes, domaine, etc. Le 24 décembre 1601, le duc de Montpensier la vendit à M. de La Broise et à Mathurin de Tesson, son gendre, à la charge de relever directement du comté de Mortain (2). Jean de Tesson, fils de celui-ci sans doute, qualifié sieur du Pont et des fiefs Grimault, Du Roy, au Cocq et Tirel, tous fiefs situés à La Mancellière, acheta ensuite le fief et la seigneurie de La Mancellière de Tanneguy de Warigniez, baron des Biards (3).

---

(1) Pitard, *Nobil. de Mortain*, v° Mancel.
(2) *Sommaire du noble*, Mss.
(3) Pitard, *Nobil. de Mortain*, v° Tesson.

Louise-Perrine-Françoise-Bonne de Lorgeril, veuve de Gabriel
de Tesson, et ses enfants, se firent représenter par M. de
Verdun, à la réunion de 1789 pour les Etats-généraux.

Le château de La Mancellière, reconstruit au siècle dernier,
est toujours aux de Tesson. Chamillard les avait admis sur
ses listes, avec la date de 1470 pour leur anoblissement et
leurs armes sont : d'argent à 3 faces de sinople chargées chacune d'une chaîne d'or et accompagnées de 15 hermines de
sable, posées 5. 4, 3, 2 et 1 (1).

Le fief Grimault.— Des aveux en furent donnés, le 1er février 1476, par Jacques de Luisière ; le 3 août 1518, par
Enguerrand d'Argouges ; et en 1565 par M. de Tesson.

LE BUAT.

Le Buat ; *Parochia de Buato* (xiiie siècle).

L'église de la paroisse est du siècle dernier.

EPOQUE FÉODALE.—Pendant sept siècles entiers, du xiie siècle
jusqu'en 1789, le fief du Buat a été sans interruption dans une
même famille, depuis Raoul du Buat, qui prêtait serment
de fidélité à Philippe-Auguste, jusqu'à René du Buat, chevalier, seigneur et patron du Buat, dont le nom, ainsi que celui
de sa mère, Louise de Tesson (2), veuve de Charles du Buat,
est à la liste du bailliage de Mortain, réuni pour les élections
aux Etats-généraux. Dans ce long intervalle, nous remarquons particulièrement : Robert du Buat, seigneur du Buat
et du Bailleul, pour un aveu du 3 septembre 1394 ; un autre
Robert du Buat, classé par Montfaut, sous Louis XI, en 1463,
dans l'ordre de la noblesse ; encore un Robert du Buat, qui
passa des aveux de ses fiefs les 16 août 1485 et 3 septembre
1494 ; Gilles du Buat, qui les renouvela le 5 août 1516 ; Jean
du Buat, qui vécut de 1518 à 1558, et fut en curatelle et sous
la garde noble du comte de Mortain, lequel présenta au nom
de son pupille à la cure du Buat. Ce fut lui qui vendit la seigneurie du Bailleul à Jean Grandin, procureur du roi. Plus
tard, Etienne du Buat, fils de celui-ci, fit aveu du Buat le
7 ou le 11 juillet 1565. Isaac du Buat, fut marié le 3 octobre
1621 à Marie Le Trésor. Enfin, Etienne du Buat, leur fils,

---

(1) Pitard, *Nobil. de Mortain,* v° Tesson.
(2) Nous avons pensé que c'est la tombe de cette dame qui se trouve
dans le cimetière de La Mancellière avec sa touchante inscription :
Mme du Buat, née de Tesson, MÈRE DES PAUVRES ET DES AFFLIGÉS, VEUVE DE
M. DU BUAT, EX CAPITAINE D'INFANTERIE, CHEVALIER DE SAINT LOUIS, DÉCÉDÉE
EN 1853.

produisit ses titres à Chamillard, en 1666. Armes : d'argent à la bande dentelée de gueules, accompagnée de 6 merlettes du même, 3 et 3 mises en orle (1). La paroisse du Buat ne contenait que deux fiefs : l'un, celui du Buat, était tenu directement du comté de Mortain ; l'autre, la vavassoreric de La Masure, était un arrière-fief, dépendant de celui de Saint-Hilaire-du-Harcouët. En 1758, il était incorporé au fief du Mesnil-Bœufs et appartenait à M. du Mesnil-Lanquetillière(2).

Le Buat.— Ses possesseurs étaient assujettis *au service d'ost pendant 10 jours, et à leurs dépens ;* c'est-à-dire, qu'ils devaient le service militaire dans le château de Mortain pendant 10 jours. Ils avaient manoir, *colombier à vol* et le droit de patronage et de présentation à la cure paroissiale (3).

LE MESNIL-BŒUFS.

Eglise paroissiale.—Au XIV° siècle, le Chapitre de l'abbaye du Mont-Saint-Michel possédait l'église paroissiale du Mesnil-Bœufs, qui lui avait été donnée par Robert Tyrel (4). L'église actuellle est de 1782.

Epoque féodale.— La charte de Navarre de 1401, dit que Robert de La Ferrière avait *21 resséauts* dans la paroisse du Mesnil-Bœufs. Or, les La Ferrière étaient seigneurs de Saint-Hilaire-du-Harcouët et, d'après le Terrier du comté de Mortain, nous savons que les fiefs de cette localité étaient tous tenus de Saint-Hilaire. Nous pensons qu'il n'y en avait que deux ; l'un, celui du Mesnil-Bœufs ; l'autre, celui du Bois-Tyrel.

Le Mesnil-Bœufs.— Tout porte à croire que les seigneurs de Saint-Hilaire en étaient seuls titulaires ; partant, il n'y avait pas de château ; mais ils en ajoutaient le titre à tous ceux qu'ils avaient déjà. Ainsi, Jean de La Ferrière, en 1565, était sieur du Mesnil-Bœufs ; et Pierre-François du Bourgblanc, se qualifiait, en 1753, seigneur suzerain du Mesnil-Bœufs (5).

Le Bois-Tyrel.—Au contraire, le Bois-Tyrel avait un vieux castel qui dut être constamment habité, dès le XII° siècle, par une famille dont il a retenu le nom. Gauthier Tyrel *(Galterus Tyreil)* est de ceux qui rendirent leurs hommages à Philippe-Auguste en 1204. Guérin Tyrel figure à Savigny dans une charte

(1) Pitard, *Nobil. de Mortain,* v° du Buat.
(2) *Terrier du comté de Mortain* dressé par Hauton.
(3) *Sommaire du noble,* Mss.
(4) Desroches, *Hist. du Mont-Saint-Michel,* t. 2, p. 89.
(5) Titres divers originaux.

de 1224. Guillaume Tyrel comparut à Tours en 1272, et un siècle plus tard, le 17 avril 1366, Jean Tyrel, de la paroisse du Mesnil-Bœufs, vendit à Guillaume Lé Soterel une rente sur le moulin du Mesnillard (1). En 1401, Guillaume Tyrel, écuyer, possédait, d'après la charte de Navarre, un 8e de haubert au Mesnil-Bœufs, et un autre fief à La Mancellière; ce sont le Bois-Tyrel et le fief Tyrel. Richard Tyrel fut reconnu noble par le commissaire de Louis XI, en 1463 (2).

Après les Tyrel, Sébastien de Roumilly fut, en 1579, sieur du Bois-Tyrel, ainsi que son fils Charles de Roumilly, dont la fille Anne, mariée à Julien de La Fauchérie, écuyer, sieur de La Lande, eut le Bois-Tyrel pour son héritage. Charles de La Fauchérie, leur fils, et Louis de La Fauchérie, leur petit-fils, ont successivement porté les titres de sieurs du Bois- Tyrel (3). Ce dernier vivait vers 1715.

En 1771, Léonor-Charles Gaudin se qualifiait seigneur du Mesnil-Bœufs et il demeurait à son logis en cette paroisse. Il s'agit là encore évidemment du Bois-Tyrel. Enfin, Henri Gaudin de Villaine, chevalier, seigneur du Mesnil-Bœufs, eut son nom inscrit sur les listes dressées, en 1789, lors de la convocation pour les Etats-Généraux.

Quant à l'antique logis du Bois-Tyrel, il fut habité et religieusement conservé par un homme fort distingué M. Pierre-Auguste Clouard de La Fauconnière (4), écuyer, ancien conseiller à la Cour des comptes de Normandie, qui fut le cicérone du savant de Gerville, lors de ses pérégrinations dans l'Avranchin (5). Sans ambition aucune, il avait préféré les modestes fonctions de maire et de conseiller général à une nouvelle et haute fonction dans la magistrature. Né à Saint-James, et issu des anciens vicomtes de cette ville, il est mort au Bois-Tyrel, le 3 juin 1828. Son tombeau est dans le cimetière du Mesnil-Bœufs. Sa fille et son gendre, M. Marie-Emilien Le Brun de Blon, ont réédifié le Bois-Tyrel et en ont fait une fort comfortable demeure. Il a été vendu, le 6 septembre 1880, par leur fils, M. Albert-Marie Le Brun de Blon, à Mme Marie-Pauline-Coralie-Matilde-Marguerite de Vedel, épouse de M. Auguste-Camille-Louis-Marie Gaudin de Villaine, capitaine au 6e régiment de cuirassiers. Le Bois-Tyrel, par le fait de cette acquisition, semble être revenu à l'une des familles qui l'avait déjà possédé autrefois.

(1) Ancien titre de la chapelle Saint-Michel, en l'église de Mortain.
(2) Pitard, *Nobiliaire de Mortain*, v° Tyrel.
(3) Pitard,   v°   v° de La Fauchérie.
(4) Il était arrière-grand-oncle paternel de l'auteur.
(5) *Anciens châteaux de la Manche*, 3e partie, page 95.

LE MESNIL‑THÉBAULT.

EGLISE PAROISSIALE.—Au XIVᵉ siècle, la cure du Mesnil‑Thébault était à la présentation de l'abbaye de Moutons (1). L'église actuelle est de 1742. Le maître‑autel a été apporté de l'abbaye de Montmorel. La plus ancienne de ses clocles a pour inscription : SANCTE PETRE ORA PRO NOBIS. J'AI ÉTÉ BÉNIE PAR Mʳᵉ MICHEL FOURSIN CURÉ DE CE LIEU. LA VILLE DE LISIEUX M'A FAITE ET MA PETITE SŒUR EN L'AN 1739. Une inscription fixée aux murs porte : 1780. TANQVERAY CVRÉ DV MESNIL‑THÉBAVLT DOYEN DE SAINT HILAIRE.

EPOQUE FÉODALE.—Il n'y avait au Mesnil‑Thébault que deux fiefs : 1° le fief‑ferme du Mesnil‑Thébault ; 2° les Génestels (2).

Fief‑ferme du Mesnil‑Thébault.—En vertu des lettres‑patentes de Philippe‑le‑Hardi, du mois de décembre 1271, les hommes et tenants du fief ou *fief‑ferme* et *gage‑plège* du Mesnil‑Thébault possédraient eux‑mêmes cette seigneurie (3). En 1401, ils en payaient 15 livres aux religieuses de Moutons, ainsi que les appointements du sénéchal (4). Ils en rendirent aveu devant le vicomte de Mortain, le 25 février 1551, puis le 7 juillet 1565 (5).— Ce privilége tout‑à‑fait particulier concédé aux habitants du Mesnil‑Thébault et dont on trouve assez peu d'exemples, provoqua, le 19 octobre 1320, un mandement de Philippe V, roi de France, qui l'expédia au bailli du Cotentin et au vicomte de Mortain, afin de faire procéder par eux à une information *par tous les villages situés entre les rivières d'Orne et de Couesnon*, à raison de la *garde de la pescherie de Ducey* qu'ils étaient tenus de faire jour et nuit à leurs dépens. Enfin, une sentence du 14 juin 1379, rendue après une nouvelle enquête de leurs franchises, les déclara exempts de *guet et garde* au château de Mortain. Les aveux désignaient ce fief sous ce titre vulgaire de *fief‑ferme du Mesnil‑Thébault et pescheries de Ducey* (6).

Les Genetels ou Genetais.— C'était un 8ᵉ de haubert. De nombreux aveux en ont été rendus à diverses époques : le 2 septembre 1377, par Martin d'Isigny ; le 24 mai 1494, par Michel de Bréccy, écuyer ; le 18 juin 1533, par Julien d'Anfernet, écuyer ; le 28 juin 1551, par Jacques d'Anfernet,

(1) Actes anciens des Archives de Mortain.
(2) *Charte de Navarre.— Sommaire du Noble.*— Pitard, Mss.— Terrier de 1758.
(3) *Sommaire du Noble,* Mss.—Pitard, *idem.*
(4) *Charte de Navarre,* citée.—Pitard, vᵒ Mesnil‑Thébault.
(5) Pisard, *idem.—Sommaire du Noble.*
(6) *Sommaire du Noble,* Mss.

écuyer; le 7 juillet 1565, par Ernier de La Ferrière, tuteur de Françoise de Brécey ; le 17 mars 1584, par la même Françoise de Brécey ; le 24 août 1623, par Françoise Georges, veuve de René d'Auteville, tutrice de ses fils ; le 3 décembre 1700, hommage en fut rendu par Jean d'Auteville.

D'après tous ces actes, les seigneurs des Genetels devaient le service militaire, le service d'*osi* au château de Mortain (1). Ce fief relevait immédiatement et directement du comté de Mortain (2).

Le mariage de Françoise de Brécey, conclu en 1560 ou 1568, avec René d'Auteville, sieur de Régalle, avait fait entrer les Genetels dans cette famille, qui était venue du Maine où elle avait longtemps habité le vieux château d'Auteville, en la paroisse de Charchigné (3). Les personnages qui la composaient avaient tous adopté, au XVIe siècle, les nouvelles doctrines et adhéré au protestantisme. Ce ne fut que plus tard, vers 1730, que Gabriel d'Auteville, seigneur des Genetels, en fit abjuration. Les sentiments religieux de René d'Auteville furent peut-être l'une des causes de la faveur de Henri IV, alors qu'il n'était que roi de Navarre. Il fit de lui l'un des gentilshommes ordinaires de sa chambre. Nous avons publié, ailleurs, une lettre adressée par le souverain à son loyal compagnon, le 10 octobre 1584 : elle se termine par *vostre bon maistre et affectionné amy—Henry*. L'une de ses sœurs ou de ses proches parentes, Catherine d'Auteville, avait épousé secrètement le cardinal Odet de Châtillon, évêque de Beauvais, qui avait délaissé la pourpre romaine pour se faire protestant et même soldat à la bataille de Saint-Quentin (4). René était mort en 1611, époque à laquelle ses cinq enfants procédèrent aux partages de sa succession : l'aîné, Jacques, fit choix des Genetels.

Louis-Félix-Tancrède de Hauteville (5), chevalier, seigneur des Genetels et du Mesnil-Thébault, s'était fait représenter aux élections pour les Etats-Généraux de 1789. Il avait épousé Jeanne-Hélène Le Menuet, et leur fille vendit les Genetels à M. de Bordes. Son frère, devenu chevalier de Saint-Louis et capitaine de dragons, était père de Raoul-Félix-Tancrède de Hauteville, qui fut longtemps juge au tribunal civil de Mortain.— *Armoiries d'Hauteville :* Burelé d'argent et de sable de huit pièces, au sautoir brochant de gueules et à la bordure du même émail.

<hr>

(1) *Sommaire du Noble*, idem.
(2) Terrier de 1758.
(3) Le Paige. *Dictionnaire du Maine*, t. 1, vᵉ Charchigné.
(3) *Mémoires de Sully*, t. 1.— Floquet, *Hist. du Parlement de Normandie*, t. 2, p. 177.
(5) Au dernier siècle, la famille a modifié son nom par l'addition de la lettre H.

LES BIARDS,

Bibliographie. —L'histoire des Biards a été faite et nous ne reproduisons ici ni ce qu'on a dit de Gerville (1), ni ce qu'en a publié le vicomte de la Villeberge (2) : nous tenons à ne faire connaître que des documents absolument nouveaux et inédits.

Epoque gallo-romaine. —Quelques coins en bronze ont été trouvés aux Biards; on y a rencontré aussi quelques briques à rebords (3). Mais nous protestons vivement contre une opinion erronée, que nous-même avions admise, d'une peuplade celtique particulière aux Biards.

Epoque féodale. — *Baronnie des Biards.* — La liste de ses inféodations est nombreuse, sinon entièrement complète. Nous la donnons et pour ses dates et pour les noms qui y sont inscrits : 3 mai 1380, aveu par Guillemette Avenel.—28 avril 1389, aveu par Guillaume Le Soterel (4), de la moitié de la baronnie. Elle avait été divisée entre la mère du dit Guillaume et Guillemette Avenel, sœur de celle-ci.—3 mai 1393, aveu par Guillemette Avenel, femme de Raoul de La Champagne. Les Le Sotrel, durent alors par héritage de cette dernière, réunir entre leurs mains les deux moitiés de cette même baronnie et substituer à leur nom propre celui des Biards. 7 juillet 1450, aveu par Guyon des Biards ; 11 septembre 1452 ; 3 mars 1462 et 17 mars 1474, aveu par Guy des Biards ; 25 juillet 1490, aveu par Jean de Tardes, écuyer, échanson du roi, à cause de Françoise des Biards, sa femme (5); 31 juin 1516, aveu par Nicolas de Mouy, chevalier, sieur de Chinon, à cause de Françoise de Tardes, sa femme ; 20 février, 1555, aveu par Antoine de Mouy ; 19 février 1564 et 20 février 1574, aveux par Charles de Mouy, baron des Biards ; 2 juin 1584, aveu par François du Parc, chevalier de l'ordre du roi, gentilhomme ordinaire de sa chambre, sieur des Cresnays et baron des Biards, à cause de Marie Le Provost, sa femme ;.... 1597, aveu par Tanneguy de Warigniez (6).

Dans ces actes, qui d'après les usages constants, sont cal-

---

(1) De Gerville. *Châteaux du département de la Manche,* 3e partie, p. 101.

(2) *Mémoires des congrès de France.*

(3) Desroches, *hist. du Mont-Saint-Michel* et *Annales de l'Avranchin.*

(4) Armes des Le Sotrel : d'azur à la croix d'or cantonnée de 4 sauterelles d'argent.

(5) Françoise Le Sotrel fut femme de Jean de Tardes d'après Pitard, **Mss.**

(6) *Sommaire du noble Mss.*—Archives nationales, originaux.

qués les uns sur les autres et qui reproduisent invariablement
les mêmes termes et les mêmes sujétions, les Biards étaient
tenus en une demi baronnie et son possesseur était *homme-
lige* du roi, chaque fois qu'il lui plaisait de le *requérir* et
l'avoir en son service *homme armé en guerre, outre ce qu'il
était accoutumé à faire en Normandie.* Aux Biards, il avait
*motte et place de château, droit de guet et garde, cour et
juridiction, bourg et bourgade.* Le baron des Biards était en
outre patron de l'église des Biards, et d'une chapelle appelée
La Madelaine. Il avait droit de marché aux Biards, le mardi
de chaque semaine, *écoles séantes* en la dite baronnie, four à
ban, moulin, colombier, et droit de foire chaque année, le
jour Saint-Louis, *en la ville de Marcilly,* et la justice par ses
officiers. En outre, il possédait une foire tenue aux Biards le
jour de *caresme prenant* et les droits de quintaine et de
coutume sur le passage des vins. Il était enfin exempt de
comparence aux grands jours des eaux et forêts et possédait
la présentation à la chapelle Saint-Michel, en l'église collégiale
de Mortain (1).

De la baronnie des Biards dépendaient en arrière-fiefs :
Chalandrey, Monchouet et Le Planty, à Chalandrey ; Digny, à
Marcilly ; Isigny et Le Bois-Philippe, à Isigny ; Heussey et le
fief Libor, à Heussey ; Oissey et Pouey, au Teilleul ; La Fres-
naye, aux Chéris ; le fief ès Avenaux, à La Croisille ; Montgothier, Vezins, Parigny, Le Mesnillard, Marcilly, La Boulouze
et Le Tourneur, dans les diverses paroisses qui portaient ces
noms (2). Ceci nous amène à nous rendre un compte exact de
l'économie du régime féodal dans notre province. Ainsi, le
duc de Normandie relevait du Roi ; le comte de Mortain relevait du duché ; le baron des Biards du comté, et les divers
fiefs que nous venons d'énumérer ressortissaient à la baronnie.
Enfin de chacun de ces arrière-fiefs dépendaient les vavas-
sories, les masures et les rotures. Il en était de même en
général pour tous les fiefs ou domaines nobles et le vieil adage
nulle terre sans seigneur trouvait dès lors son application
naturelle.

Passons maintenant en revue les divers barons des Biards et
avec eux les nombreuses familles qui se sont succédé dans cet
illustre castel. Mais disons tout d'abord que si cette forteresse
fut édifiée au XIe siècle par les ordres des comtes de Mortain
pour la défense du comté, ainsi que celles du Teilleul, de
Saint-Pois et de Tinchebray, qui formaient les angles d'un
vaste quadrilatère, dont le donjon de Mortain était le point
central, cependant les Biards ne tardèrent pas à déchoir de

(1) Actes divers des aveux cités.
(2) Actes et aveux déjà cités.

cette importance et furent bientôt remplacés par le nouveau château de Saint-Hilaire, élevé un siècle et demi plus tard. La situation des Biards était forte, très-forte même comme défense, mais Saint-Hilaire était beaucoup plus avantageusement situé, comme poste avancé vers la Bretagne et le Maine. Au point de vue de la stratégie militaire, les Biards étaient dans une situation notable d'infériorité et le proverbe eut dès lors sa justification :

> La ville des Biards
> Décadit chaque jour d'un liard.

Du reste, paraît-il, le château des Biards fut pris par Du Guesclin, en 1368 et démoli de fond en comble, d'après ses ordres, par les bretons du camp de Campeaux et de la garnison de Genêts, près Avranches.

Quant à ses nouveaux seigneurs, les Avenel, qui avaient succédé par une alliance sans doute à une première famille, appelée proprement des Biards, en échange de leur situation militaire amoindrie, ils occupèrent bientôt les charges les plus importantes auprès des comtes de Mortain et nous savons qu'ils furent les sénéchaux héréditaires du comté. Leurs noms sont reproduits mille fois dans tous les actes passés aux XIIe, XIIIe et XIVe siècles. Ils se remarquent également en Angleterre et en Ecosse ; et s'ils figurent sur les scènes lyriques, ils sont encore inscrits en lettres de sang dans les drames qui se dénouèrent sur les champs de batailles de Hastings, de Bouvines, d'Azincourt, de Formigny et de Fontenoy. La branche aînée de cette famille s'éteignit aux Biards, vers 1380 ; mais les rameaux collatéraux subsistèrent longtemps dans le Mortainais, à La Touche-Boissirard, en Fontenay, à Chalandrey, à Crenay, à Lapenty et enfin à Heussey. Ces derniers désignés sous la dénomination particulière de Nantrey ont, par lettres patentes, données à Marly, au mois d'août 1715, obtenu l'autorisation d'ajouter un D à leur nom patronymique et de s'appeler d'Avenel.

Plusieurs mariages ont fait passer la baronnie des Biards dans diverses maisons que nous avons déjà énumérées à la liste de nos aveux. Voici au surplus les noms de ces familles, ce sont celles des : Avenel, Le Sotrel, de Tardes et de Mouy. Vers 1575, Charles de Mouy vendit Les Biards à M. Le Prévot, dont la fille Marie les porta à François du Parc, chevalier de l'ordre du Roi, seigneur de Crenay. Leur fille Antoinette du Parc en épousant Tanneguy de Warigniez lui remit à son tour cette baronnie que leur fils aîné fut contraint, par suite du fâcheux état de ses affaires, de vendre à sa sœur Marguerite, qui s'était mariée à Louis de Pierrepont, vers 1680. Dix ans après, Louis XIV érigea la baronnie des Biards en marquisat, pour récompenser les services rendus à l'Etat par Louis de Pierrepont et par sa famille. Les mêmes lettres-patentes lui accordèrent une haute justice et un marché aux Biards. Anne-Louise-Marguerite de Pierrepont qui épousa Jacques-Gabriel-Robert d'Oilliamson, en 1759, apporta ce domaine dans cette nouvelle maison et leur fils Guillaume-Louis-Gabriel-Raimond d'Oilliamson, a été le dernier marquis des Biards. Il fut à ce titre inscrit, en 1789, sur la liste de convocation pour les Etats-généraux.

Fief ou vavassorerie de la Masure—Tenu immédiate-ment à foi et hommage du comté de Mortain, il était situé, partie aux Biards, et partie à Vezins. Il avait manoir et pê-cheries. Les hommes qui lui rendaient leurs devoirs, c'est-à-dire les *sous-tenants*, suivant l'expression du vieux temps, devaient lui payer trois deniers d'offrande à Noël, savoir à la messe de nuit, à celle du point du jour et à la grand'messe, à raison de 1 denier par chacune d'elles. René de Verdun, écuyer, sieur de la Masure, vendit ce fief, le 8 février 1572, à son frère Jean de Verdun, écuyer, sieur de la Chaperonnière. Des aveux en avaient été rendus le 24 novembre 1485, par Guillaume de Verdun, écuyer, à cause d'Elisabeth Le Sotrel, sa femme, et le 17 décembre 1700, par François Benoist (1). En 1758, il était à M. de Launay de La Pasturlière (2).

Le petit fief du Prieuré des Biards et Le Prieuré. — Ce fief appartenait au prieur. Le prieuré remontait à l'année 1082. Il avait eu pour fondateurs Gautier ou Wautier et Raoul d'Astin, qui avaient donné l'église de Vezins (3) à l'ab-baye de La Couture, au Mans, sur les instances de Johel, leur frère, qui en était abbé, à la condition d'envoyer quelques-uns de ses religieux au prieuré des Biards. Cette donation avait été ratifiée et augmentée considérablement par Guillaume, baron des Biards. En 1174, Guillaume de Champfort et en 1459, Thomas Bridet en étaient prieurs. Odon Rigault, arche-vêque de Rouen, l'avait visité en 1249.

L'église paroissiale, qui est celle de l'ancien prieuré, re-monte tout entière au xvi⁰ siècle, sauf les fenêtres de la nef qui ont été refaites en 1760 et les chapelles qui sont de 1751. Une inscription sur une verrière conservée dans la sacristie, donne la date de la reconstruction de l'édifice : REVEREND FRERE MARTIN DE BROC ABBÉ DE SAINCT CALLEZ PRIEVR DE BERNÉ ET DES BIARDS A DONNE DESTE VITRE EN LAN MIL CINQ CENS TRENTE ET DEUX LE V⁰ JOUR DE MAY. PRIANT DIEU etc. Cette légende est

(1) *Sommaire du noble.*
(2) *Terrier* dressé par Hauton.
(3) Voir plus loin l'article de Vezins.

accompagnée de plusieurs écussons armoriés surmontés d'une crosse abbatiale. Martin de Broc dut avoir pour successeur au prieuré des Biards, Michel de Crux, mort vers 1570. Quant à l'habitation des prieurs elle était située au bout du cimetière.

Cette église se compose d'une nef seulement. Au pied de cette nef est une belle tour carrée à grand appareil de pierres de granit, converte en bâtière. Le portail d'entrée, placé sous cette tour, se compose d'un arc surbaissé qui surmonte un tympan largement sculpté dans le tuffeau blanc et représentant saint Martin, patron de la paroisse. Cet arc est décoré de crochets et de feuillages enroulés. Le tout se trouve rehaussé d'un panache qu'accompagnent deux autres panaches à chacun des angles des rampants du fronton. Les 4 angles du sommet de cette tour sont appuyés sur des fuseaux ou tourillons en pierre qui se trouvent reliés par des épis nombreux. Enfin sous la tour, les nervures de la voûte s'appuient sur des consoles, sortes de cariatides, représentant des personnages grotesques et dans des postures obscènes.

MONTGOTHIER.

MONTGOTHIER. — En latin, *Mons-Galterii*, la montagne de Gautier.

ÉPOQUE CELTIQUE. — Sur la montagne de Bouée, nommée aussi la Roche de la Bouverie, existait un dolmen en granit, que les ouvriers des carrières voisines ont brisé en morceaux (1).

ÉGLISE PAROISSIALE. — Avec son clocher en bois, cette église, dont le portail porte la date 1740, est fort humble ; mais elle est décorée à l'intérieur d'une gracieuse contre-table à colonnes corinthiennes, et d'un tabernacle orné de statuettes encadrées d'arcades et de colonnettes torses du même style. Un curé de Montgothier, René Le Prieur, est mort en odeur de sainteté : les populations du canton vont en pélerinage à son tombeau dont nous avons relevé l'inscription : ICI GIST M. RENÉ LE PRIEVR CVRÉ DE CE LIEV DOYEN DE SAINT HILAIRE DECEDÉ LE 26 MAI 1691. Tout auprès est une autre tombe : M. LAURENT LE PRIEVR, DES BIARDS, CVRÉ DE CE LIEV MORT LE 20 AOVT 1771. Dans le chœur de cette même église une 3ᵉ dalle funéraire porte le nom de GILLES ABRAHAM SEIGNEUR ET PATRON DE CE LIEV DÉCÉDÉ LE XXVIᵉ JOUR DAPVRIL MVᶜIIIXXIV (1584).

(1) Desroches, *Histoire du Mont-Saint-Michel.*

Le château de Montgothier régulièrement construit est de 1728. Il relevait féodalement de la baronnie des Biards, qui en l'année 1401, comptait dans la paroisse de Montgothier *39 resséants et 4 bordeliers* (1). Cette portion de fief était le 7 juillet 1450, à Jean de Montgothier, écuyer ; le 25 juillet 1490, à Henry Le Bottey, écuyer ; le 2 juin 1584, aux héritiers de Guillaume Abraham (2). Nous venons de voir que ce nom de Guillaume est d'après nos documents écrits en contradiction avec sa pierre tumulaire.

La charte de Navarre avait inscrit Guillaume de Montgothier, écuyer, comme possesseur du fief de Viéval, à Ger ; et, Montfaut, en 1463, admit Jean de Montgothier au rang des nobles du comté de Mortain. Au siècle dernier, Jean Gouin fut seigneur de Montgothier ; c'est lui sans doute qui fit construire le château actuel. Sa fille, Anne-Charlotte Gouin, veuve de Louis de Verdun, seigneur de Cormeray, habitait à Avranches, en la paroisse de Notre-Dame-des-Champs, en 1765 (3). Leur fille, Anne-Simonne-Françoise de Verdun, veuve de Jean-Baptiste-Angélique du Quesnoy, dame et patronne de Montgothier, se fit représenter en 1789 aux élections des États-Généraux.

MONTIGNY.

Époque féodale.—Le Terrier dressé par Hauton, en 1758, signale trois fiefs à Montigny : — Montigny, tenu directement en roture du comté de Mortain et faisant partie de la prévôté du Mesnillard.—Le fief ou vavassorerie de Montigny, tenu du domaine et réuni au marquisat de Montécot (4) ; c'était le Grand-Montigny.—Le fief au Chanoine, ou le Petit-Montigny, aliéné depuis fort longtemps et réuni au même marquisat. Essayons de reconnaître ce qui concerne chacun d'eux.

Le Grand-Montigny. — C'était une franche vavassorerie située tant à Montigny, qu'à La Mancellière et dont dépendaient deux autres vavassoreries d'ordre secondaire, nommées le Fief-Tyrel et le Fief-au-Cocq. Ceux qui rendirent des aveux du Grand-Montigny sont : Fraslin d'Isigny, le 23 février 1393 ; Martin d'Isigny, le 2 septembre 1399 ; Michel de Brécey, écuyer, le 24 mai 1494 ; Martin de Brécey, le 1er mars 1528 ; Jean de Brécey, en 1564 ; et Jean de Brécey, sieur et patron d'Isigny, de Montigny et du Mesnil-Amelant, chevalier de l'ordre du

---

(1) *Charte de Navarre*, Mss.
(2) *Sommaire du noble*, Mss.
(3) Anciennes archives de Mortain.
(4) Voir notre article Saint-Cyr-du-Bailleul, § Montécot.

roi, le 26 octobre 1583. Ces inféodations reconnaissent que les hommes de cette vavassorerie étaient assujettis à couvrir la tour Bouquerel ou Boquerel du château de Mortain, à amener les bois nécessaires au moulin du roi, à Mortain, et à conduire dans cette ville les *larrons* et criminels arrêtés et pris en la sergenterie Corblin (1). Quant au seigneur de Montigny, il devait personnellement pendant quarante jours le service militaire, le service *d'ost* au comte de Mortain, mais aux dépens de celui-ci. Dans quelques aveux rendus pendant que les rois détenaient le comté de Mortain, il est dit qu'ils étaient donnés au roi ; mais l'erreur n'était pas possible puisque le souverain était au lieu et place des comtes. Le même gentilhomme avait manoir, colombier, douves à l'entour de son manoir et le droit de présentation à la cure de Montigny (2).

Nous avons vu à Mortain un brevet original de 1657, revêtu de la signature autographe de Anne-Marie-Louise d'Orléans, accordant au sieur de Montigny, gouverneur des ville et château de Dieppe, le don de vingt-quatre pieds d'arbres, bons à bâtir et à faire *poutres,* à prendre dans la forêt de Lande-Pourrie (3).

Jacques Doisnel, marquis de Montécot, fit hommage du Grand et du Petit-Montigny, réunis, le 23 mai 1732. Le château de Montigny a été démoli.

Canonical de Montigny.—Le comte Robert de Mortain en fondant en 1082 une église collégiale à Mortain, avait constitué l'une de ses prébendes à Montigny. Le chanoine eut la nomination du bénéfice, c'est-à-dire de la cure, dont le seigneur temporel avait la présentation. Il fut de plus gros décimateur de la paroisse et posséda en propre le domaine connu sous le nom de Fief-au-Chanoine. Mais ce fief, avons-nous dit, fut aliéné à une époque fort reculée, puisque le 26 octobre 1583, Jean de Brécey en fit aveu au comte de Mortain (4). Le chanoine de Montigny touchait toujours la rente de cette aliénation en 1758 (5).

Il y a vingt ans l'église paroissiale était en reconstruction. Elle a une fort jolie flèche en pierres.

NAFTEL.

Naftel.—Ce nom a été orthographié de diverses manières :

(1) Voir notre article Naftel.
(2) *Sommaire du noble.*—Archives nationales.
(3) Original aux anciennes archives de Mortain.
(4) *Sommaire du noble,* Mss, cité.
(5) *Terrier du comté de Mortain,* dressé par Hauton.

Naftel, Navetel (1), *Navetelle* (2), et *Navetet.* C'est la plus
faible commune du canton comme population et comme
superficie ; elle ne compte que 260 habitants et 276 hectares.

Autrefois son fief seigneurial était également en proportion
de l'étendue du territoire et les vassaux tenus à porter leurs
grains à moudre au moulin si peu nombreux, que l'on pré-
tendait que le meunier, malgré le chômage, laissait tourner
fréquemment ses roues et ses meules pour faire croire qu'il
était occupé. De là le proverbe :

> C'est comme les moulins de Navetel,
> Ils font plus de bruit que d'effet.

Il se trouvait deux fiefs à Naftel : le premier, la Corblinière,
auquel était annexée la noble sergenterie Corblin; le deuxième,
la vavassorrerie de Naftel, qui était tenue de Saint-Hilaire-du-
Harcouët. Dans de nombreux actes, Pierre-François du
Bourgblanc, marquis d'Apreville, seigneur de Saint-Hilaire,
prend le titre de suzerain de Naftel ; notamment en 1753 et
1754. A cette dernière date, il nomma Guillaume Roupnel,
prêtre, au bénéfice de la cure, vacante par la mort d'Alexandre-
François Le Moine (3). Or, d'après la charte de Navarre le
patronnage de l'église dépendait de la vavassorerie de Naftel.
Il en faut conclure que le seigneur présentait et que le châ-
telain de Saint-Hilaire désignait au choix définitif de l'évêque
d'Avranches. En 1401, Samson de Saint-Germain possédait
Naftel. En 1740 et en 1758, Jean-Guy comte de Saint-Gilles
en était patron présentateur (4). Charles-Jean-Gilles de Pra-
contal, chevalier, seigneur de Naftel, fut en 1789, inscrit sur
les listes pour les Etats-généraux.

La Corblinière et la sergenterie Corblin.—La noble
sergenterie Corblin ou Corbelin (5) comprenait 28 paroisses,
savoir : Saint-Hilaire, Parigny, Fontenay, Chevreville, La
Bazoge, Le Mesnil-Rainfray, Reffuveille, Montigny, Chasseguey, Le Mesnillard, Martigny, Naftel, Isigny, Le Mesnil-
Thébault, Les Biards, Virey, Vezins, Chalandrey, Les Chéris,
Marcilly, Montgothier, La Chapelle-Urée, La Boulouze,
La Mancellière, Le Buat, Le Mesnil-Bœufs, Le Valdouer
de Saint-Quentin et Le Mesnil-Ozenne (6). Nicole Corblin,
bachelier ès lois, de la paroisse de Naftel, en rendit aveu le 15

---

(1) *Charte de Navarre* de 1401.
(2) *Dictionnaire géographique* d'Expilly.
(3) Titres originaux du chartrier de Mortain.
(4) Armes de Saint-Gilles : d'azur à l'aigle éployée d'or, membrée et
becquetée de gueules (Pitard), *Nob. de Mortain.*
(5) Voir art. Barenton ce que nous avons dit des sergenteries du Mortainais.
(6) *Sommaire du noble,* Mss.

juin 1392 ; il la possédait toujours en 1401. Jean Corblin, seigneur de Marcilly renouvela ces devoirs le 30 janvier 1484, et à l'âge de 80 ans passés, comme il l'affirma, il en fit foi et hommage lui-même le 17 juillet 1485, entre les mains de Julien Leber, lieutenant-général du bailli de Mortain. Il avait, en 1463, fait reconnaître par Monfaut ses titres nobiliaires. Jean Corblin vivait encore en 1490. Son fils Nicole Corblin n'eut qu'une fille, Jacqueline, qui en épousant Pierre de Bordes, capitaine du château d'Avranches. lui porta en dot la Corblinière et la sergenterie Corblin, dont il fit aveu en juin 1517 (1). Dans celui qu'il donna le 20 octobre 1564, Denis de Bordes, écuyer, sieur de Marcilly, déclare avoir le droit d'émoluments sur tous ajournements, exploits et mandements, soit *royaux*, soit de toute autre nature, dans l'étendue de la sergenterie. Il avait de plus le privilége de prélever *le premier pain* sur tous les boulangers qui exposaient en vente à Saint-Hilaire-du-Harcouët, le jour de *la Pâque fleurie* (2). Charles-Philippe de Bordes, en renouvela l'hommage le 22 décembre 1700.

L'église de Naftel possède dans l'embrasure de l'une de ses fenètres une croix du xvi⁰ siècle, dont le croisillon en calcaire blanc représente un crucifiement à personnages, Saint-Jean, la Vierge et un prêtre agenouillé, encadrés dans une guirlande de fleurs de lys et de coquilles du temps de Henri II. La croix du cimetière, assez élégante, offre des croisillons bifides.

VEZINS.

Eglise de Vezins. — Nous savons déjà que les frères d'Astin, Vautier et Raoul, seigneurs de Vezins, en donnant à l'abbaye de La Couture, du Mans, leur église de Vezins, contribuèrent à former ainsi vers 1082 la fondation du prieuré des Biards. Leur aumône, dont l'acte avait été passé à Tracy, avait compris la dîme, la sépulture, six acres de terre, les offrandes de l'autel et tout ce qui pouvait dépendre des revenus ecclésiastiques dans la paroisse. Ils y avaient ajouté le dixième ou la dîme de leurs rentes, de leurs moutons, de leurs vaches, de leurs chevaux et de leurs juments, aussi bien à Vezins, que dans toute la Normandie et dans toute autre localité à eux appartenant. Près d'un siècle plus tard, Guillaume d'Astin et ses frères Jacques et Gervais, ainsi qu'Haoys, leur sœur, épouse de Guillaume de Flaschey, *clamèrent* à grand bruit contre ces actes qu'ils voulaient considérer comme frustratoires, bien qu'ils eussent été ratifiés par Michel, évêque d'Avranches. Une transaction s'en suivit en 1174, aux termes de laquelle

(1) Pitard, *Nobil. de Mortain.* V. Corblin.
(2) *Sommaire du noble*, Mss.

ils abandonnèrent sans retour toutes leurs prétentions sur l'église de Vezins. Ils ajoutèrent aux offrandes de leurs ancêtres une nouvelle somme de 60 sous, qu'ils remirent à l'abbaye par les mains de l'évêque d'Avranches, Richard, choisi comme amiable compositeur, et de leur côté l'abbé et les religieux de La Couture prirent l'obligation de leur verser à eux et à leurs héritiers, par le prieur des Biards une rente annuelle et perpétuelle de 15 sous (1).

FIEF DE VEZINS.—C'était un demi-fief qui relevait de la baronnie des Biards. Il a été longtemps dans la famille d'Astin et l'un d'eux, Guillaume, en fit hommage à Philippe-Auguste, en 1204. Un autre Guillaume d'Astin prêta serment, en 1285, devant le bailly de Cotentin tenant ses *assises* à Mortain. Peu après, en 1401, Charles Davy, prêtre et official acheta le fief de Vezins de Jeanne de Harcourt, femme de Hue de Montmorency. Jean et Michel Davy le tenaient de Jean de Tardes, baron des Biards, d'après l'aveu du 15 juillet 1490. Cette famille Davy rentra plus tard dans le droit de présenter à l'église de Vezins. L'abbaye de La Couture du Mans la leur abandonna, et jusqu'à la Révolution ces transactions furent respectées. Deux tombes qui sont dans le chœur de l'église portent même les armoiries des Davy, qui étaient : d'azur fretté d'or, au chef de gueules chargé d'un lion passant d'or.

Au XVIᵉ siècle, Vezins fut sur la réquisition du duc de Montpensier, confisqué sur Pierre Davy, accusé du crime de fausse monnaie. Par un acte d'avancement de succession, fait au profit de Louis de La Morinière et de Anne de La Ferrière *et ses enfants, par Pierre Davy, leur père,* celui-ci essaya de se soustraire à cette mesure rigoureuse. Une sentence du 8 août 1587 déclara nulle cette donation (2). Cependant Vezins dut être restitué aux Davy, car l'un d'eux fut trouvé noble à Vezins par Chamillard, en 1666. Vers 1715, ce fief était à la famille de Gaallon et en 1758, à M. Doynel de Montécot.

L'église de Vezins paraît aujourd'hui bien pauvre ; elle est de 1686. Mais de sa tour carrée l'on jouit d'un magnifique horizon, de la baie du Mont-Saint-Michel, de Tombelaine et de toutes les côtes maritimes de Saint-Malo et de la Bretagne : c'est l'une des plus belles perspectives de notre Mortainais. Dans le chœur, au sommet de la contre-table, le père éternel bénissant est sculpté de grandeur naturelle et entouré d'une guirlande de feuillages et de fleurs. Dans la nef est une tombe avec cette inscription : Mʳᵉ Michel GUILLEBERI PRETRE CVRÉ DE VEZINS DOYEN DE S. HILAIRE AGÉ DE 84 ANS CVRÉ 56 DECEDÉ LE 28 9ᵇʳᵉ 1723.

(1) *Gallia christiana*, t. xi, col. 107. Instrumenta.
(2) Inventaire du *Chartrier de Mortain. Sommaire imprimable.*